LES

ÉCOLES DE HAMEAU

EN LIMOUSIN

PAR

Paul DUCOURTIEUX

Officier d'Académie

Avec une carte des écoles primaires de l'arrondissement de Limoges

LIMOGES

IMPRIMERIE ET LIBRAIRIE LIMOUSINE

Vᵉ H. DUCOURTIEUX

Libraire de la Société archéologique et de la Société Gay-Lussac

7, RUE DES ARÈNES, 7

1891

LES

ÉCOLES DE HAMEAU

EN LIMOUSIN

PAR

Paul DUCOURTIEUX

Officier d'Académie

Avec une carte des écoles primaires de l'arrondissement de Limoges

LIMOGES

IMPRIMERIE ET LIBRAIRIE LIMOUSINE

Ve H. DUCOURTIEUX

Libraire de la Société archéologique et de la Société Gay-Lussac

7, RUE DES ARÈNES, 7

1891

LES ÉCOLES DE HAMEAU

EN LIMOUSIN

Dans les tableaux des départements classés d'après le degré d'instruction des conscrits et des conjoints, les départements du centre, comme les départements bretons, se trouvent dans les derniers rangs (1).

Quel est le motif de cette infériorité et quels seraient les moyens de la faire disparaître ? Nous allons essayer de répondre à ces deux questions dans les lignes suivantes :

Dans l'*Almanach limousin* pour 1869, M. Félix Achard énumérait ainsi les causes qui arrêtaient le développement de l'instruction primaire dans le Limousin :

1° Insuffisance du nombre des écoles, en raison de la dispersion de la population rurale sur un trop vaste territoire ;

2° Maintien de la rétribution scolaire, nos départements étant très pauvres ;

3° Apathie des gens de la campagne, qui ne comprenant pas les avantages de l'instruction, astreignent dès le bas âge leurs enfants aux travaux des champs ;

4° Recrutement difficile du personnel enseignant.

La loi de 1881 sur la gratuité et celle de 1882 sur l'obligation, la réorganisation des écoles normales d'instituteurs (1875), et enfin la création des écoles normales d'institutrices ont fait disparaître trois de ces causes.

La principale, celle qui résulte du nombre insuffisant des écoles, subsiste toujours. C'est celle sur laquelle nous appellerons l'atten-

(1) Ministère de l'Instruction publique et des Beaux-Arts, *Statistique de l'instruction primaire*, t. IV, 1886-87. — *Paris, Imprimerie nationale*, 1889, 1 vol. in-4°.

tion, car nous croyons que c'est à elle seule que l'on peut imputer la situation arriérée de nos départements.

Si l'on compare le nombre des écoles primaires dans les cinq départements qui occupent le sommet de l'échelle du classement (Meurthe-et-Moselle, Doubs, Jura, Vosges, Meuse) et les cinq qui en occupent les derniers échelons (Côtes-du-Nord, Finistère, Corrèze, Haute-Vienne, Morbihan), on trouve entre eux une différence de près du double.

« Lorsqu'on groupe les départements d'après le nombre de leurs écoles par 10,000 habitants, on voit que les moins peuplés sont souvent ceux qui occupent les premiers rangs, parce qu'ils ont besoin de beaucoup d'écoles pour en faciliter l'accès à une population disséminée. »

NOMBRE D'ÉCOLES DE TOUTE NATURE PAR 10,000 HABITANTS.

DÉPARTEMENTS	1837	1863	1877	1887
Corrèze	6,28	14,93	18,87	22,73
Creuse	13,79	15,96	18,18	20,70
Haute-Vienne	7,88	12,89	14,13	17,25
Seine	7,85	8,79	7,45	6,41

Mais ces départements ne sont pas les plus instruits, parce qu'il faut tenir compte du nombre de classes par école. Ainsi, dans la Seine, beaucoup d'écoles ont plus de 10 classes de 50 élèves chacune, tandis que dans la Haute-Vienne la plus grande partie des écoles n'ont qu'une seule classe de 50 élèves à peine.

« L'ordre est à peu près inverse lorsque l'on groupe les départements d'après le nombre d'écoles par 10 communes, parce qu'une ville possède plus d'écoles qu'un village et que les régions où la population était déjà dense il y a quarante ans sont celles où la densité s'est le plus accrue. »

NOMBRE D'ÉCOLES DE TOUTE NATURE PAR 10 COMMUNES.

DÉPARTEMENTS	1837	1850	1863	1877
Corrèze	6,5	12,9	16,2	20,3
Creuse	13,8	15,6	16,5	19,2
Haute-Vienne	11,7	18,2	20,6	23,4
Seine	107,4	122,2	245,4	242,9

« L'étendue territoriale des communes rurales, la forme et la nature du sol ont aussi une influence dont on doit tenir compte. Dans une région montagneuse, il faut faire de grands efforts pour multiplier les écoles de hameau, afin de mettre l'instruction à la portée des enfants qui, à cause de la distance et du mauvais état des chemins, ne peuvent venir la chercher à l'école du chef-lieu. »

Il pourra paraître intéressant de comparer nos trois départements limousins avec l'un des départements privilégiés, le Doubs, par exemple, pendant la période 1877 à 1887.

Tandis que, dans le Doubs (2e département), la moyenne des conscrits illettrés est de 1,7, elle est de 29,8 dans la Haute-Vienne (86e département); de 27,5 dans la Corrèze (85e département), et de 9,5 dans la Creuse (45e département).

Départements	Communes	Superficie kil. carré	Population	DENSITÉ pr kil. carré	Nombre d'écoles	Combien d'écoles de toute nature par myr. carré	Combien d'écoles de toute nature par 10,000 hab.	Combien de classes dans toutes les écoles par myr. carré	Combien de classes dans toutes les écoles par 10,000 hab.
1877									
Corrèze...	287	586,617	311,525	53,1	522	10,0	19	13,6	26
Creuse....	263	552,676	278,423	49,9	419	9,1	18	12,1	24
Hte-Vienne	203	547,934	336,061	59,5	396	8,6	14	13,3	22
Doubs....	638	522,755	306,094	57,0	932	18,7	32	23,8	41
1887									
Corrèze...	287	586,617	326,494	55,6	740	12,62	22,73	19,25	34,66
Creuse....	263	552,676	284,942	51,1	588	10,59	20,70	16,98	33,19
Hte-Vienne	203	547,934	363,182	66,2	623	11,34	17,25	20,11	30,58
Doubs....	638	522.755	310,963	59,0	1050	20,13	33,86	26,94	45,31

La Haute-Vienne devrait donc doubler le nombre de ses écoles, 1,246 au lieu de 623, pour en avoir le même nombre par myriamètre carré que le Doubs. Nous sommes même modeste en demandant 1,246 écoles pour la Haute-Vienne, car le nombre de ses enfants de six à treize ans est de 54,291, lorsqu'il est seulement de 39,653 dans le Doubs.

Pour 1876, si on compare le nombre des enfants inscrits dans toutes les écoles du Doubs, 53,782, avec celui de la Haute-Vienne, 36,383, on reconnaîtra avec nous que cette différence ne peut s'expliquer que par la difficulté que les enfants éprouvent pour se rendre à l'école, à cause de la distance qui les en sépare.

1876

Départements	POPULATION générale	POPULATION enfantine de 5 à 15 ans	Combien d'enfants sur 100 hab tants	Combien d'écoles par 10 comm.	Nombre de classes	Nombre d'elèves par 10.000 habitants	Nombre d'enfants inscrits dans toutes les écoles	Combien d'inscrits sur 100 recensé.
Corrèze...	311,525	60,965	19,6	20,5	834	1,181	36,768	60,3
Creuse....	278,423	55,355	19,9	19,2	696	1,334	37,142	67,0
Hte-Vienne	336,061	66,113	19,7	23,4	755	1,081	36,383	55,0
Doubs....	306,094	56,487	18,5	15,4	1242	1,755	53,782	95,2

« Dans nos campagnes, ce qu'on appelle chef-lieu de la commune, le *bourg*, suivant l'importance de la localité, n'est en général que l'agglomération sur un espace restreint de cinq à dix constructions, qui comprennent ordinairement l'église, le presbytère, l'école, la mairie, — quand il en existe une — quelquefois l'auberge ou l'atelier du maréchal-ferrant. La population du bourg est d'une centaine d'âmes, le reste des habitants est réparti sur un vaste territoire, dans des métairies, hameaux et villages, qui sont souvent plus peuplés que le chef-lieu lui-même et sont séparés de l'école la plus voisine par une distance de cinq à huit kilomètres. »

Il est impossible, dans ces conditions, comme le disait M. Achard, que l'enfant puisse se rendre à l'école, l'hiver surtout, lorsque les chemins sont transformés en lits de torrents ou recouverts d'une neige épaisse.

D'après le tableau permettant d'apprécier la différence qui existe entre la densité de la population totale et la densité de la population disséminée, par kilomètre carré, dans nos départements, on trouve les chiffres suivants :

	Pop. totale.	Pop. disséminée.
Haute-Vienne.	65,8	40,8
Corrèze......	55,6	38,4
Creuse......	51,1	37,3

La densité de la population disséminée, dans nos départements limousins, est donc égale aux quatre cinquièmes de la population totale. C'est assez dire combien il est nécessaire de multiplier chez nous les écoles, afin de les rendre plus accessibles aux enfants.

Depuis 1870, nos départements ont vu s'augmenter leurs écoles de hameau. Ils en ont actuellement 256, savoir : 122 dans la Corrèze, 39 dans la Creuse et 95 dans la Haute-Vienne. C'est bien peu, comme on le voit.

Nos départements du centre ont créé des écoles de hameau très tard. Les autres départements les avaient devancés dans cette voie depuis de longues années. Celles, en bien petit nombre, qui ont été ouvertes chez nous, l'ont été dans des conditions déplorables, en raison de la pauvreté des communes. Les rapports de MM. les inspecteurs d'Académie se plaignent constamment de l'insalubrité et de la mauvaise disposition des locaux occupés par nos écoles de hameau.

D'après la loi sur l'instruction primaire, chaque commune doit être pourvue d'une école de garçons et d'une école de filles. Or, la Haute-Vienne n'a que 203 communes, alors que la Creuse en a 263 et la Corrèze 287. Le Doubs, auquel nous continuons de comparer nos départements, a 638 communes et 1,050 écoles. Il devrait en avoir 1,276, mais plusieurs de ses communes étant trop petites pour avoir deux écoles, se sont associées avec les communes voisines afin d'avoir moins à payer pour leurs écoles. C'est ce qui devrait avoir lieu entre les communes de nos départements limousins. Une école de hameau serait-elle bien placée sur la limite de deux ou trois communes? chacune d'elles devrait participer à sa dépense. Nous revenons plus loin sur ce point.

La Creuse, à cause de la pauvreté de son sol, a moins de fermes isolées, moins de hameaux que dans la Haute-Vienne et la Corrèze; ses hameaux comme ses bourgs sont plus peuplés, ce qui lui permet, toutes proportions gardées, d'instruire plus d'enfants avec moins d'écoles. Elle figure parmi les départements ayant le plus de classes de 80 élèves, à côté des départements du Nord, du Pas-de-Calais et de la Seine, ce qui indique un empressement pour l'instruction que l'on ne rencontre pas dans les départements voisins. Le Marchois émigre, il sent plus vivement la nécessité de faire instruire ses enfants afin de leur donner une arme de plus pour la lutte de la vie. Il faut dire aussi que les enfants de la Creuse parlent le français et non le patois et qu'étant plutôt destinés à devenir des ouvriers en bâtiments que des agriculteurs, ils vont plus assidûment à l'école que les enfants de la Haute-Vienne et de la Corrèze.

Pour faire mieux ressortir le besoin d'écoles dans nos campagnes, nous avons prié M. Gourdon, inspecteur primaire à Limoges, de vouloir bien dresser la carte scolaire de l'arrondissement de Limoges qui accompagne ces lignes. Chacune des circonférences teintées a un diamètre de quatre kilomètres et pour centre une école de chef-lieu ou une école de hameau.. On pourra donc à première vue se faire une idée des portions de territoire encore privées d'écoles.

L'arrondissement de Limoges compte 10 cantons et 81 communes. Il possède 269 écoles de toute nature et 552 classes fréquentées par 29,393 enfants, soit 109 élèves par école (les écoles de hameau n'entrent que pour 32 dans ce nombre). Mais il ne viendra à l'esprit de personne que nos écoles rurales aient 109 élèves, la moyenne pour tout le département étant 61. C'est qu'il faut tenir compte de la population scolaire du chef-lieu du département. Les deux cantons de Limoges seuls possèdent 85 écoles de toute nature et 306 classes, ayant une fréquentation de 12,196 élèves; ce qui donne 145 élèves par école et 40 par classe.

S'il était possible de créer des écoles de hameau dans les intervalles des circonférences tracées sur la carte ci jointe, l'arrondissement de Limoges seul demanderait encore 34 écoles de hameau, c'est-à-dire plus du double du nombre qu'il possède actuellement.

Les cantons les plus déshérités, ceux dont les hameaux sont le plus éloignés de toute école, sont ceux d'Eymoutiers, Châteauneuf, Ambazac et Limoges.

En suivant l'exemple du Doubs, nous pensons que l'administration devrait établir les écoles de hameau sur la limite des communes, et comme ces écoles bénéficieraient aux enfants de deux, trois ou quatre communes, elle pourrait partager la dépense entre les communes bénéficiaires. Cette dépense serait plus facile à supporter et les services rendus par les écoles seraient bien plus grands.

Prenons un exemple aux portes mêmes de notre ville. La commune de Verneuil a pour limites les communes suivantes : au nord celle de Veyrac, à l'est celles de Limoges-nord et d'Isle, au sud celles d'Aixe, de Saint-Priest et de Saint-Yrieix-sous-Aixe, à l'ouest celle de Sainte-Marie-de-Vaux. Sa superficie est de 3445 h. 45 a. 09 c. ; elle présente une forme allongée ayant 12 kilom. dans sa plus grande longueur et 6 kilom. 500 dans sa plus grande largeur. La zone de deux kilomètres autour de l'école du chef-lieu couvre à peine le tiers de la superficie de la commune. Le côté ouest est en partie desservi par l'école de Saint-Yrieix-sous-Aixe, mais le côté est se trouve dépourvu d'école : ainsi le hameau du Malevialle, entre autres, se trouve à 5 kilomètres du chef-lieu de la commune, à 4 kil. 500 d'Aixe, à 4 kilomètres de l'école de Landouge et à 4 kil. 500 d'Isle. Comment peut-on exiger que les enfants de ce hameau parcourent une aussi grande distance.

Si une école était établie en cet endroit, elle recevrait les enfants des hameaux des Places, Haut-Félis, Bas-Félis, La Merlie, Le Mas-du-Puy, Les Vaseix, commune de Verneuil; de Chamberet, Le Mas-Loge, Le Cluzeau, commune de Limoges-Nord ; des Landes, Envaud, Genesteix, Mas-de-Laurence, Reignefort, Meynieux, Coueyrassat, commune d'Isle ; de Puy-de-Mont, Le Longeaud, Le Mas-Pataud, La Grange, Mayéras, commune d'Aixe.

Les écoles des chefs-lieux de ces communes seraient allégées et les élèves, ayant la facilité de s'instruire dans leur hameau même, seraient certainement plus assidus aux cours.

Supposons pour un instant que les communes de Limoges, d'Aixe et d'Isle s'entendent avec celle de Verneuil pour partager les frais d'une école établie au Malevialle : chacune des communes supporterait facilement le quart de la dépense, et elles auraient doté leurs hameaux extrêmes d'une école à leur portée.

Ce que nous disons de la commune de Verneuil, nous pourrions le dire de toutes celles qui attendent encore des écoles.

Voici la liste des écoles de hameau qui pourraient être créées ainsi que les communes qui devraient participer à leur dépense :

CANTONS	HAMEAUX	COMMUNES	Communes voisines pouvant contribuer à la dépense de l'école
Limoges-Nord...	Beaubreuil......	Limoges........	Beaune.
	St-Martin-du-Faux	Couzeix........	Nieul, St-Gence, Limoges.
	Mérignac.......	Isle...........	Aixe, Beynac.
Limoges-Sud....	Le Rouveix.....	St-Just........	Aureil, Feytiat, Panazol.
	Ligoure........	Le Vigen.......	St-Jean-Ligoure.
Aixe..........	Les Bouchats....	St-Priest-s.-Aixe.	Séreilhac, Cognac.
	Malevialle......	Verneuil...	Limoges, Isle, Aixe.
	La Pauzadie....	Séreilhac.......	St-Laurent-sur-Gorre, Gorre.
Ambazac.......	Le Vieux.......	Ambazac......	Saint-Léger, St-Sylvestre.
	Mlin de la Bousse.	Ambazac.......	St-Laurent-les-Eglises.
	Mlin de Noualias.	Ambazac.......	St-Martin-Terressus.
	Marmiers.......	La Jonchère....	Les Billanges, Jabreilles, St-Laurent.
	Drouille-Noire..	Bonnac....... .	Ambazac, Compreignac.
	Bournazeau.....	St-Priest-Thaurion	Beaune, Le Palais, St-Just.
	La Chassagne...	St-Priest-Thaurion	St-Martin-Terressus, St-Léonard, Royère.
Châteauneuf....	La Veytizou.....	Neuvic.........	Eymoutiers, Sainte-Anne.
	La Pierre.. ...	Neuvic.........	Masléon, Bujaleuf.
	Grand-Bueix	Linards.........	Châteauneuf, Roziers-Saint-Georges.
	Bourdelas.......	St-Méard.	Linards, St-Bonnet-la-Rivière, Glanges.
	Vénouhaud.	Châteauneuf.....	St-Méard, Sussac, La Croisille.
	Mas-de-Neuvic..	La Croisille.....	Sussac, Saint-Gilles, Surdoux.
Eymoutiers.....	Le Gaud........	Eymoutiers.	
	Souffranges.....	Eymoutiers.....	Nedde, Domps.
	Guimont........	Nedde.........	Beaumont.
	Verviale.......	Augne.........	Eymoutiers, Bujaleuf, Neuvic.
	Chateaucourt...	Beaumont......	
Laurière........	Agno..........	Jabreilles.......	Laurière.
Nieul..........	Banèche.......	Peyrilhac.......	Cieux.
	Mas de-Glane...	Veyrac.........	Peyrillac, Saint-Gence.
	Le Masdelière ..	Chaptelat.......	Couzeix, Nieul, Saint-Jouvent.
Pierrebuffière...	Fressinaud. ...	Eyjeaux..	Boisseuil, St-Hilaire-Bonneval.
St-Léonard.....	Mlin Faye......	Moissannes.....	Le Châtenet, Saint-Léonard.
	Chéroux........	Royères........	Eybouleuf, La Geneytouse, Aureil.
	Croix de Grosland	Champnétery....	Moissannes, Bujaleuf.
	Les Champs.....	Champnétery....	St-Denis, Bujaleuf, Masléon.

Nous faisons figurer dans ce tableau trois écoles en construction en ce moment, et qui étaient réclamées depuis fort longtemps par les communes : celles de La Veytisou et de La Pierre, commune de Neuvic, et celle du Rouveix, commune de Saint-Just. Espérons que ces trois créations en amèneront d'autres tout aussi urgentes.

Nous venons de montrer combien nos départements limousins ont besoin d'écoles de hameau.

Malheureusement la loi de 1889, en mettant entièrement à la charge des communes la location et l'entretien des bâtiments scolaires, a enlevé à tous les départements dont le sol est pauvre la possibilité de créer de nouvelles écoles.

Comment veut-on que nos communes limousines, dont le budget peut à peine suffire à parer aux dépenses les plus indispensables, aient des ressources pour la location et l'entretien de leurs écoles de hameau.

Bien peu de communes peuvent bénéficier de la loi de 1885, qui leur accorde une subvention proportionnée à la somme votée par elles pour la construction de leurs écoles.

Nos départements limousins doivent multiplier leurs écoles de hameau s'ils veulent voir diminuer le nombre des illettrés. Pour arriver à ce résultat sans trop charger leur budget, les communes n'ont qu'à s'entendre entre elles pour en élever sur leurs limites et cela à frais communs. C'est par l'association que les communes arriveront à surmonter les difficultés pécuniaires qui pourraient retarder la création des écoles nécessaires.

(Extrait du *Gay-Lussac*, n° 1, 1891).

Limoges, imp. Vᵉ H. Ducourtieux, 7, rue des Arènes.

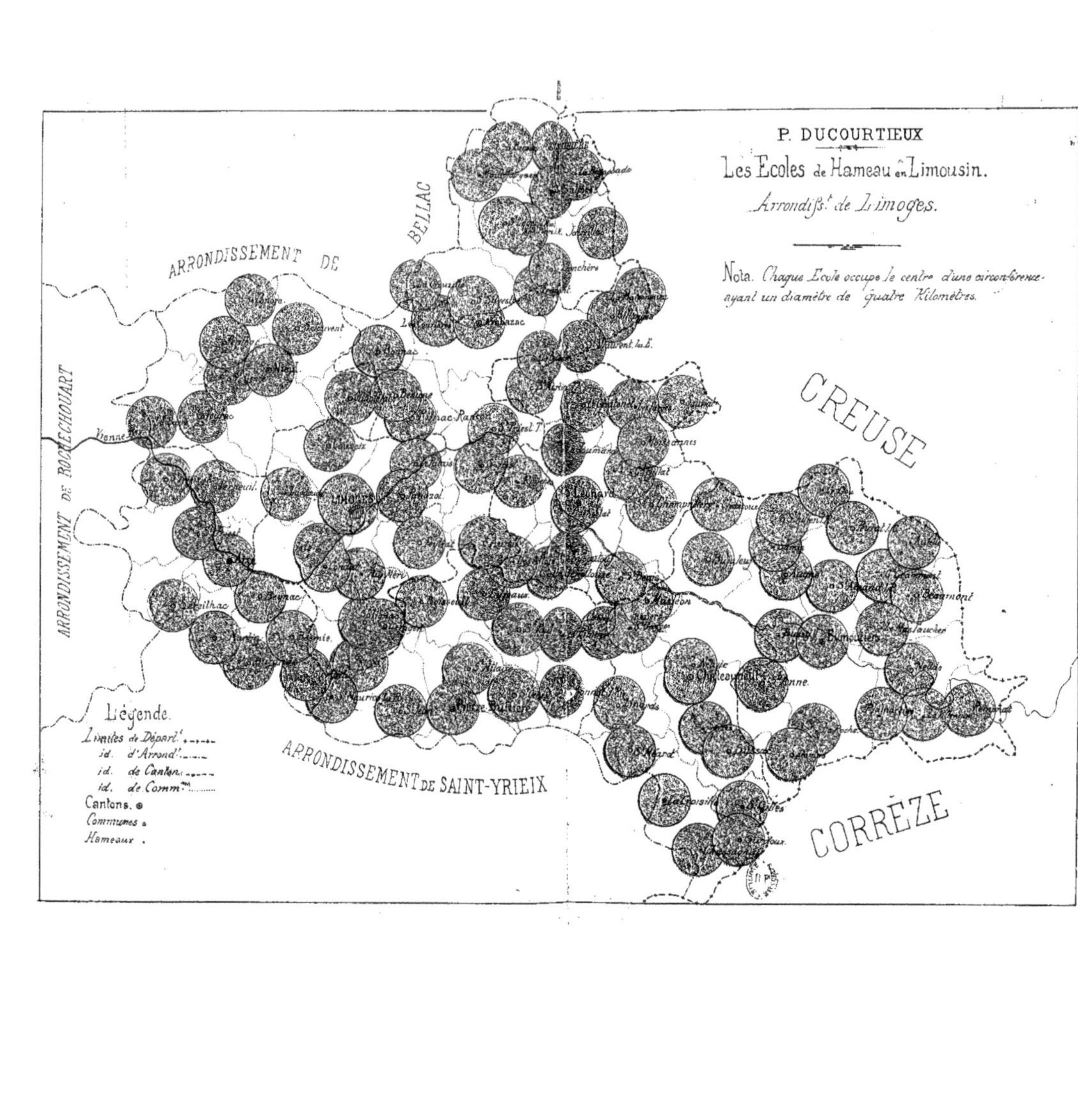
P. DUCOURTIEUX
Les Ecoles de Hameau en Limousin.
Arrondiss.t de Limoges.
Nota. Chaque Ecole occupe le centre d'une circonférence ayant un diamètre de quatre Kilomètres.
ARRONDISSEMENT DE BELLAC
ARRONDISSEMENT DE ROCHECHOUART
ARRONDISSEMENT DE SAINT-YRIEIX
CREUSE
CORRÈZE
LIMOGES
Légende.
Limites de Départ.t
id. d'Arrond.t
id. de Canton
id. de Comm.nes
Cantons.
Communes
Hameaux

OUVRAGES DU MÊME AUTEUR :

Annales manuscrites de Limoges, dites Manuscrit de 1638, publiées en collaboration avec MM. Emile Ruben et Félix Achard, ornées de deux planches lithographiées. 1872, 1 vol. in 8° .... 10 fr.

Emile Ruben, notice biographique. 1872, br. in-8° .... 1 fr.

L. Babaud-Laribière, notice biographique. 1873, br. in-8° .... 1 fr.

Quelques notes sur la destruction de la Cité de Limoges par le prince de Galles, en 1370. 1878, br. in-8°.

Limoges d'après ses anciens plans, accompagné de quatre reproductions d'anciens plans. 1883, 1 vol. in-8° .... 4 fr.

Dictionnaire complet des rues de Limoges, avec l'indication de leur tenant et aboutissant, les cantons, divisions financières, arrondissements de police et paroisses auxquels elles appartiennent, etc., etc. 1884, br. in-18 .... 25 cent.

L'Hôtel-de-Ville de Limoges, orné d'une vue de l'Hôtel-de-Ville, 1884, br. in-18 .... 50 cent.

Catalogue de la Bibliothèque populaire de Limoges, rédigé en 1870 par Emile Ruben, complété en 1878 et 1885 par Paul Ducourtieux. 1 vol. in-18 .... 50 cent.

Limoges et ses environs. Guide du voyageur, orné de plusieurs gravures et accompagné d'un plan de Limoges. 2ᵉ édit., 1886, 1 vol. in-18 relié toile .... 2 fr. 50

Almanach limousin (depuis 1859), du ressort de la Cour d'appel et du diocèse de Limoges, contenant avec l'organisation des services publics dans la Haute-Vienne et l'adresse des fonctionnaires et des commerçants de Limoges, *une série d'articles pour servir à l'histoire du pays.* 1 vol. in-18 de 660 p. par année, rel. toile, 1 fr. 50, broché .... 1 fr.

Almanach limousin pour la Creuse (depuis 1881). 1 vol. in-18 de 175 p. par année .... 50 cent.

Almanach limousin pour la Corrèze (depuis 1882). 1 vol. in-18 de 175 p. par année .... 50 cent.

Almanach charentais (depuis 1884). 1 vol. in-18 de 250 p. par an 1 fr.

Plan général de Limoges, d'après les documents officiels, en collaboration avec M. Henri Ducros, tiré en neuf couleurs, et Dictionnaire complet des rues de Limoges. In-plano carré........ 1 fr. 50

L'Instruction populaire dans la Haute-Vienne (1869-1886), accompagné d'une carte statistique de l'Instruction dans la Haute-Vienne, en 1869, 1880, 1883 et 1885, en collaboration avec M. Adrien Tarrade, maire de Limoges, conseiller général. Br. in-8° .... 2 fr.

Le Bibliophile limousin (depuis 1885), catalogue trimestriel d'ouvrages anciens et modernes sur le Limousin et la Marche (Haute-Vienne-Corrèze-Creuse). — (Envoyé gratis sur demande affranchie).

Catalogue des manuscrits et imprimés de l'Exposition de Limoges en 1886. 1886, in-8.

Découvertes faites sur l'emplacement de la ville gallo-romaine à Limoges, en 1886. 1887, br. in-8° .... 1 fr.

Les environs de Limoges d'après les plans des émailleurs. 1887, br. in-8° .... 1 fr.

Une marque typographique. 1888, in-8, tiré à 50 exemplaires.

Les manuscrits et imprimés à l'Exposition de Limoges, 1886. 1889, in-8 de 76 p. et 2 pl. .... 3 fr.

Le Bas-Limousin à l'Exposition de Limoges (16 mai-22 août 1886). Tulle, 1887, br. in-8 de 16 p. .... 1 fr.

La bibliothèque d'Auguste Bosvieux. 1889, br. in-8 de 16 p. .... 1 fr.

Les marques typographiques des imprimeurs de Limoges. 1890, br. in-8 de 16 p., ornée de dix reproductions de marques..... 2 fr.

Excursion aux ruines gallo-romaines de Chassenon (1er août 1889). Rapport présenté à la Société archéologique et historique du Limousin, orné de dessins de M. Louis Guibert, 1890, br. in-8 de 16 p. 1 fr.

L'Instruction publique en Limousin, orné de deux cartes, 1890, br. in-8 de 32 pages .... 2 fr.

Une monnaie mérovingienne inédite du Limousin, br. in-8 de 11 pages .... 1 fr.

Limoges, imp. Ve H. Ducourtieux, rue des Arènes, 7.

www.ingramcontent.com/pod-product-compliance
Ingram Content Group UK Ltd.
Pitfield, Milton Keynes, MK11 3LW, UK
UKHW020502220726
13923UKWH00006B/2710